Julio Zelaya, PhD
Silvia Arce, PhD
Beatriz García, PhD

LEVANTAMIENTO DE CAPITAL;
GUÍA RÁPIDA DE APLICACIÓN DE
LA TRAVESÍA: EL PODER DE EMPRENDER.
Guatemala, Centroamérica, 2023.

40 p: 23 cm.

1. Levantamiento de Capital por Deuda.
2. Levantamiento de Capital por Alianza.

Edición 2023

ISBN 9798391572022
Diseño y diagramación: YCREA

Fotografía de Portada
© Ba-mi I Dreamstime.com

LEVANTAMIENTO DE CAPITAL

GUÍA RÁPIDA DE APLICACIÓN DE
LA TRAVESÍA: EL PODER DE EMPRENDER

¿Cuál es su propósito?, ¿Qué le apasiona?, ¿Cuáles son sus habilidades?, ¿Qué beneficios le traerá? Tiene la oportunidad de escribirlo a continuación.

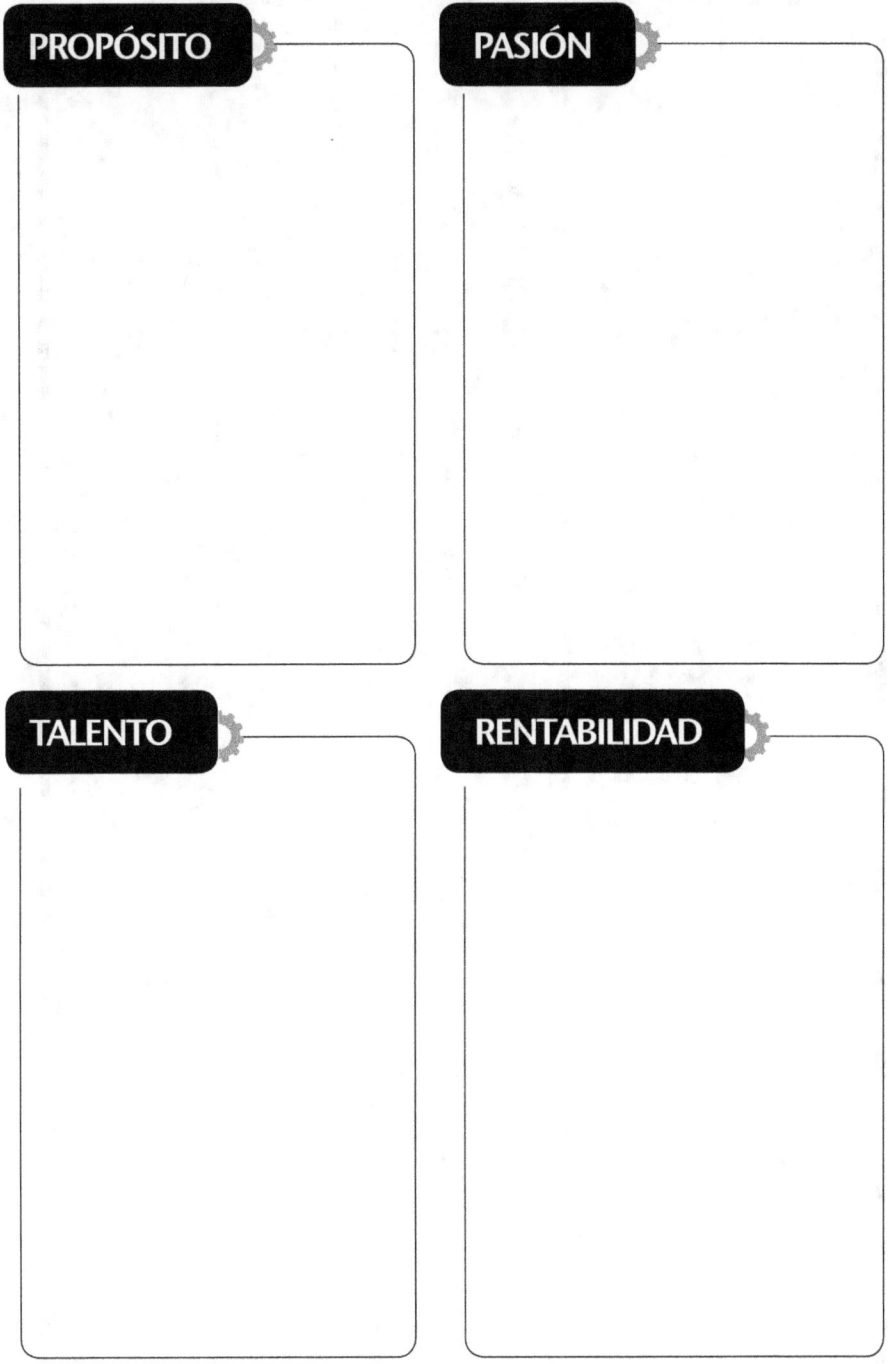

PROPÓSITO

PASIÓN

TALENTO

RENTABILIDAD

Mis prioridades de Desarrollo

En el siguiente espacio puede listar las actividades que debe desarrollar para alcanzar su objetivo.

Zona de Aprendizaje

Utilice estos apartados para escribir sus nuevos aprendizajes.

Zona de Acción → DEL SUEÑO A LA REALIDAD
Escriba su sueño y luego identifique qué actividades realizará para alcanzarlo.

Levantamiento de capital

Determine si realmente necesita levantar capital.
Determine exactamente el monto que necesita.

Decídase por una de las dos opciones:
endeudamiento o financiamiento.

Prepare su plan.

 **¿Qué hay para mí?**

Nuevamente llegó fin de mes y quizá se vio en la necesidad de "poner de su bolsa" o "pedir prestado" para pagar la planilla y los otros gastos fijos de la empresa. Nuevamente alguien le habló de "financiamiento" y a usted se le erizaron los vellos del cuerpo y pensó

¡problemas!

Muchos empresarios tienen la idea de que buscar financiamiento es involucrarse en problemas seguros pero.... se equivocan: bien calculado y manejado, un financiamiento puede ser una buena oportunidad para el crecimiento, siempre y cuando usted sepa cuándo realmente lo necesita.

El financiamiento no consiste en abrir un hoyo para tapar otro; es abrir un hoyo sobre el cual se sienten las bases del crecimiento de la empresa y, por supuesto, le permitan incrementar sus utilidades.

Existen dos tipos de financiamiento:

Antes de buscar financiamiento, haga el siguiente análisis:

Su capital (lo que tiene invertido) es más alto que lo que debe ——▶ **Busque financiamiento**

Sus deudas son más altas que su capital (lo que tiene invertido) ——▶ **Aumente su capital**

Y conteste las preguntas siguientes:

¿Está seguro que necesita el dinero ahora o puede esperar?	
¿Realmente necesita más capital o puede administrar su flujo de efectivo de una manera más eficiente?	
¿Para qué usará el dinero? ¿Para crecer o para cubrir sus costos?	
¿Cuán grande es su riesgo?	
¿Se encuentra su empresa en una etapa de estabilidad o de expansión?	
¿Cuán fuerte es su capital humano?	
¿Cómo encajan sus necesidades financieras con su plan de negocios?	

En cualquiera de los casos, como ya se dijo, el apoyo debe solicitarse con base en las necesidades reales por lo que, como muchas de los procesos que nos llevan al éxito, requiere invertir tiempo y esfuerzo. En este curso se revisa precisamente cómo maximizar ese esfuerzo.

¿Cuál es el Objetivo del Curso?

El objetivo del curso es que usted identifique posibles fuentes de financiamiento para hacer crecer su empresa.

Para alcanzar ese objetivo, se desarrollan los contenidos que se listan a continuación.

CONTENIDO

- Levantamiento de capital por deuda.
- Levantamiento de capital por alianzas.

Por lo tanto, esperamos ayudarle a identificar las formas más efectivas para levantar capital.

¡Bienvenido!

 **Autoevaluación**

Antes de iniciar, responda las preguntas siguientes:

¿Requiere capital?	
¿Qué monto?	
¿Para qué?	
¿Todo junto o por entregas parciales?	
¿Qué ofrece a cambio?	
¿Qué garantías ofrece?	
¿Son valiosas sus garantías?	
¿Está seguro de poder minimizar los riesgos?	
¿Prefiere endeudarse o ceder una parte de sus utilidades?	

¿Qué estrategia utilizaría para conseguir ese capital?

_____

_____

_____

"**Hay muchas** cosas en esta vida más importantes que el dinero! ¡Pero cuestan tanto!."

Groucho Marx

LEVANTAMIENTO DE CAPITAL: ALGUNOS CONCEPTOS

Hace muchos años atrás y en otra civilización, usted podía adquirir una canoa, pagando con pepitas de cacao, cuentas de jade o conchas marinas, entre otros artículos. Hoy eso ya no es posible; para hacer frente a sus gastos de inversión y de operaciones, una empresa necesita capital en efectivo y, si su flujo de efectivo no es el esperado, seguramente usted necesitará recurrir a empresas, instituciones o personas que se lo faciliten. Como se indicó tiene dos opciones: endeudarse o capitalizarse.

LEVANTAMIENTO DE CAPITAL MEDIANTE ENDEUDAMIENTO

De hecho, en Centroamérica, 480,000 microempresas (80%) son atendidas con servicios financieros, esencialmente crédito. De éstas, el 60% administra pequeños programas de crédito con una atención del 15% de la cartera, mientras que un 20% atiende a más del 60% de la cartera. Los saldos unitarios promedio oscilan entre US$ 200 y 800, con plazos promedio de 13 meses. La tasa efectiva promedio cobrada se ubica en 1.42 sobre la tasa comercial de cada país, y el algunos países esta tasa puede llegar a ser el doble de la comercial. Sólo el 10% de la cartera se encuentra colocada con tasas equivalentes a 1 o menores que la tasa comercial. Las modalidades de crédito más efectivas son las del crédito individual en función de la capacidad de pago personal de los usuarios (www.infomipyme.com).

A continuación se explican algunas de esas fuentes.

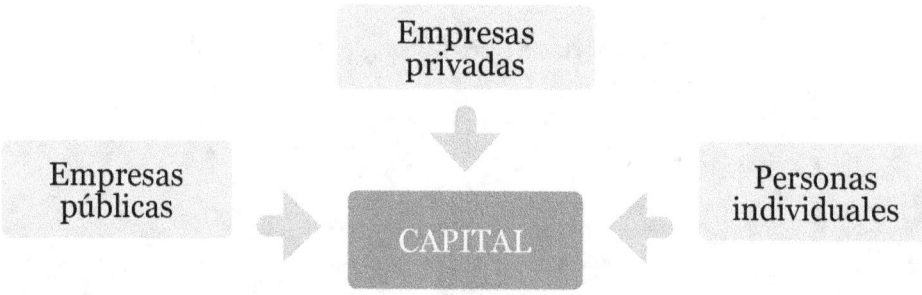

1.1. Crédito Bancario o de entidades financieras

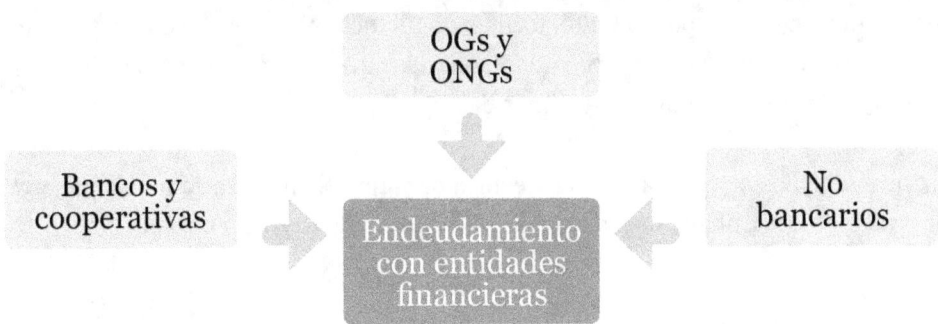

El crédito es dinero en efectivo que se obtiene para hacer frente a una necesidad financiera y que se debe pagar en un plazo determinado, generalmente corto, aunque puede negociarse su prórroga, mediante pagos parciales o pago total, a un precio determinado (interés) y que, generalmente, requiere presentar garantías a la entidad. En todo caso, es necesario estudiar el mercado a fin de determinar qué empresa financiera le ofrece, por ejemplo, la tasa de interés más favorable. Hay varias fuentes:

1.1.1 Préstamos de Bancos Estatales o Privados o Cooperativas de Ahorro y Crédito

Las PYMEs que reúnen los requisitos tienen acceso a préstamos de bancos estatales o privados. Para ello, generalmente la empresa debe haber estado funcionando durante un período de tiempo establecido, tener bienes propios que puedan ofrecerse en garantía y demostrar utilidades durante dos o tres años, entre otros. Las condiciones de los bancos privados son más duras que las de los Bancos estatales. Por eso mismo, muchos empresarios lo piensan varias veces antes de decidirse a solicitar un préstamo: reunir toda la papelería es una actividad que desanima a muchos.

1.1.2 Préstamos de Organizaciones Internacionales y de Organizaciones No Gubernamentales (ONGs)

Existen algunas organizaciones internacionales y ONGs que tienen, como parte de su misión, apoyar a empresas o empresarios que normalmente no son sujetos de crédito o que desarrollan servicios o productos innovadores. Estas instituciones otorgan lo que se llama "crédito alternativo" para favorecer a segmentos de población que no participan, de manera plena, en los procesos de desarrollo económico. Ofrecen, por lo tanto, formas de financiamiento más cercanas ya que normalmente solicitan garantías adaptadas a la situación de la persona. Además, la tasa de interés normalmente es más baja.

Incluso muchas brindan asistencia técnica para que el empresario pueda mejorar sus métodos de trabajo, de producción y de contabilidad, entre otros.

1.1.3 Créditos No Bancarios

Si usted quiere (y puede) evitar los engorrosos trámites de los créditos bancarios, tiene varias alternativas:

- Retirar sus ahorros de su cuenta de ahorro o de su fondo de pensiones (ésta debería ser su última opción).
- Vender alguna de sus propiedades (terrenos, equipo, mobiliario).
- Convencer a parientes, amigos o vecinos de que le "echen una mano".
- Pagar lo que necesita utilizando su tarjeta de crédito.
- Solicitar un crédito a sus proveedores; en el caso de los proveedores de maquinaria y equipo, pueden darle un crédito para pagar lo que adquiera; la maquinaria y equipo que le venden son su misma garantía.
- Adquirir maquinaria y equipo mediante el alquiler con posibilidad de compra (leasing).

Componentes de una Operación Crédito

Monto Del Crédito (capital más intereses)
Es el monto solicitado más lo que el Banco cobra (normalmente en concepto de pago de honorarios del notario que hace la escritura) más los intereses calculados por anticipado.

El interés es el precio que usted paga porque le presten dinero. La más común es la tasa lineal (una fórmula de interés simple que calcula la tasa establecida sobre el capital del crédito hasta su vencimiento).

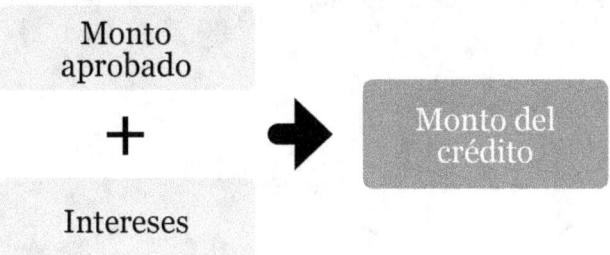

Plazo

Es el tiempo, expresado en días, meses o años, que se pacta con la entidad financiera para devolver el dinero que prestó. Este también varía (30 días, 180 días, un año, dos años, etc.). En algunos casos, el plazo puede ser renegociado.

El plazo puede ser:

Con pagos mensuales, trimestrales o anuales, aunque normalmente los intereses se pagan mensualmente.

Con un solo pago final, aunque normalmente los intereses se pagan mensualmente.

Período de Gracia

Muchas entidades financieras otorgan un "período de gracia"; es decir un tiempo, dentro del plazo principal (por ejemplo, tres meses), en el que usted no tiene que cancelar absolutamente nada lo cual le brinda al empresario un desahogo ya que cuenta con el efectivo que requiere pero aún no se le están cargando intereses.

Amortización

Por amortización se entiende las devoluciones de dinero que usted le hace a la institución financiera y que depende del plazo pactado.

Garantía

La garantía es el respaldo que usted otorga por el crédito recibido y que pueden ser:

Prendarias (sobre vehículos, maquinaria o equipo).

Hipotecarias (sobre bienes inmuebles: terrenos o casas).

Fiduciarias (una o más personas se convierten en co-responsables de que usted pague)

En algunos casos, otras PYMEs pueden constituirse en garantías solidarias.

En cualquier caso, tome en cuenta lo siguiente:

- Solicite únicamente el monto que pueda pagar. Evite vivir en un permanente endeudamiento.

- Evite renegociar el plazo.

- Pague puntualmente; esto no sólo le evita pagar intereses por mora sino que le evita entrar en la lista de "mala paga" cerrándole las puertas a la posibilidad de gestionar créditos en el futuro.

- No gestione múltiples créditos; esto aumenta su "índice de endeudamiento" y le cerrará también las puertas.

- No disminuya el límite de su crédito; aunque esto suene responsable, disminuye su coeficiente de solvencia.

- Revise regularmente sus estados de cuenta para evitarse sorpresas.

- Evite que le demanden; no sólo perjudica su crédito sino que le incrementará excesivamente su deuda ya que los costos judiciales son muy altos e incluso pueden llegar a embargarle sus cuentas bancarias u otros bienes y arraigarlo.

Opción
Prefiero buscar por mi cuenta inversionistas que sólo se preocupen por la ganancia que tendrán, sin inmiscuirse en mi empresa.
Prefiero contratar un intermediario financiero que busque inversionistas que sólo se preocupen por la ganancia que tendrán, sin inmiscuirse en mi empresa.
Prefiero buscar, por mi cuenta, inversionistas que, además de obtener una ganancia, pueden orientarme sobre cómo hacer crecer mi empresa.
Prefiero contratar un intermediario financiero que busque inversionistas que, además de obtener una ganancia, pueden orientarme sobre cómo hacer crecer mi empresa.

Cualquiera sea la opción que usted tome, este tipo de financiamiento proviene de grupos de personas o instituciones que toman riesgo de manera profesional, una especie de "gurús financieros" que generalmente se especializan en un tipo de industria y buscan empresas, con potencial para convertirse en negocios importantes, en donde invertir su dinero.

Por lo general, estos inversionistas prefieren influir en la empresa de manera pasiva, pero reaccionarán decididamente si ésta no rinde lo esperado; ésta es precisamente una de las desventajas de este tipo de financiamiento: la pérdida parcial de la capacidad para tomar decisiones.

Cualquiera sea la opción que usted prefiere, tome en cuenta lo siguiente:

DECÁLOGO PARA EL LEVANTAMIENTO DEL CAPITAL MEDIANTE LA INVERSION EXTERNA

1. Analice cuidadosamente sus estados financieros; principalmente el Estado de Resultados. ¿Es el momento adecuado para levantar capital?
2. Durante todo el año, asegúrese de mantener los costos controlados; de esta forma, sus ventas serán siempre más altas que sus costos lo que le permite tener un margen de utilidad bruta más grande.
3. Establezca cuidadosamente qué cantidad de dinero necesita, qué gastos le va a permitir cubrir y en qué plazo. Elabore sus proyecciones de la manera más honesta posible; evite excederse en solicitar una cantidad que el inversionista verá como muy alejada de la realidad.
4. Replantee su plan de negocios. Aunque su plan de negocios inicial haya estado muy bien hecho, es necesario actualizarlo periódicamente para estar seguro que responde a su nueva visión y a lo que sus finanzas le dicen. Por ello es

bueno elaborar un plan de negocios para el corto, el mediano y el largo plazo. Y recuerde: muchas veces sólo dispondrá de menos de 15 minutos para exponerle el plan a un inversionista y "conquistarlo". Por ello, es importante que usted desarrolle excelentes habilidades de comunicación.

5. Antes de hablar con los posibles inversionistas, discuta su plan de negocios con otros empresarios; tome en cuenta sus opiniones. Este ejercicio le servirá para "ponerse en los zapatos de los posibles inversionistas". ¿Invertiría usted en el negocio que les propone? Si los resultados fueran negativos, busque asesoría.

6. Mantenga ordenada y al día la contabilidad de su empresa. Muchos empresarios confían en que el Contador que les lleva la contabilidad sabe lo que hace pero....se sorprenderá saber cuántos contadores aunque, no actúan de mala fé, se equivocan al llevar las cuentas. Una buena idea es tener estados financieros auditados para garantizar que lo que el contador está haciendo, es lo correcto.

7. Mantenga al día el pago de sus impuestos y asegúrese que ha pagado lo correcto; nadie querrá invertir en una empresa que tiene deuda con el Estado.

8. Asegúrese de entender qué hace atractiva a su empresa; si usted no muestra confianza en ella, ¡nadie más lo hará! ¡Demuestre esa pasión que siente por su empresa!

9. Asegúrese que su personal esté identificado con la empresa y sepa hacia dónde se dirige. Evite el bochorno que puede causarle si un posible inversionista le solicita información sencilla sobre la empresa a uno de sus empleados y éste no sabe qué responder.

10. Contacte a inversionistas que ya han invertido en el sector en donde usted se mueve; es más fácil convencerlos si lo que usted les ofrece coincide con sus intereses.

Si usted se va a decidir por esta opción, trate de no caer en una de las mentiras que, de acuerdo con Guy Kawasaki, son las que dicen los empresarios cuando se encuentran en un proceso de levantamiento de capital:

1. Nuestras proyecciones son conservadores.
2. Fulano dice que nuestro mercado será de (una cantidad exagerada) en (año)
3. Nombre de una empresa importante firmará con nosotros la semana que viene.
4. Los trabajadores importantes se contratarán cuando tengamos financiamiento.
5. Nadie hace lo que nosotros.

6. Nadie puede hacer lo que nosotros.
7. Pero decídase pronto ya que otros fondos de inversión están interesados en invertir.
8. (Nombres de competidores) son demasiado grandes o se mueven demasiado despacio para amenazar nuestro negocio.
9. Tenemos un grupo gestor con mucha experiencia.
10. Sólo necesitamos el 1% del mercado para tener éxito.

¿Se recuerda cuando iba al cine Lux o al Rex a ver una película? Esos tiempos han pasado; en la actualidad el concepto de cine es otro.

Hablar de Cine es hablar de CINEPOLIS

La cadena mexicana de cines más exitosa de América Latina es CINÉPOLIS y su crecimiento en la última década no tiene comparación. En 2011 se celebran 40 años de historia de la empresa que en sus inicios se llamara Organización Ramírez, fundada en la ciudad de Morelia, Michoacán, en donde su pionero Enrique Ramírez Miguel comenzó esta historia.

Para darse una idea de la magnitud de esta importante empresa cinematográfica, hoy en día es la más grande de América Latina y la cuarta a nivel mundial; Actualmente opera 2,479 salas de las cuales 552 son Digitales, 7 IMAX y 26 Macro XE todo esto en 266 conjuntos. Parece fácil, pero cuatro décadas han sido poco para los grandes logros que la corporación ha alcanzado.

En 2009 CINEPOLIS recibe el galardón de Super Empresa por el "cálido clima organizacional, así como una dinámica cultura organizacional"

Además ha recibió por 7 años consecutivos el galardón de Empresa Socialmente Responsable, por su "compromiso con la sociedad mexi-cana, así como el propósito de contribuir a la construcción de una sociedad más justa y equitativa". Cinepolis es una empresa líder en la industria cinematográfica, se ha caracterizado por una constante innovación y el reconocido servicio. Además son pioneros de productos como Cine café, Dulcipolis, Spyral, CofeeTree, entre otros. Cuenta con actividades de responsabilidad social con programas como "Del amor nace la vista" y "Vamos todos a Cinepolis", emprendidos por medio de la Fundación Cinepolis.

En una reciente entrevista, Alejandro Ramírez Magaña, Director General de Cinépolis respondió varias preguntas (Fecha de consulta: 25 de octubre de 2011; en línea: http://www.eluniversal.com.mx/finanzas/75223.html)

¿Por qué una empresa tan grande como Cinépolis no cotiza en la bolsa?

Porque no hemos tenido la necesidad de recurrir a los mercados de capital públicos para poder financiar nuestro crecimiento, y hasta el momento hemos sido una empresa que reinvierte prácticamente la totalidad de lo que genera, 90% de lo que genera lo reinvierte, y por eso hemos crecido a una tasa elevada.

¿A qué ritmo han crecido?

Depende del año. Por ejemplo, este año, considerando la crisis económica, estamos construyendo 200 salas nuevas de cines, que son como 10%, y (regularmente) crecemos entre 10% y 15% en cuanto a capacidad instalada. Y hemos podido financiar nuestro crecimiento con una mezcla de deuda y de los propios recursos que genera la empresa.

¿Tienen deuda bancaria?

Sí, sí hay deuda bancaria. Hemos contratado deuda fundamentalmente para cubrir el ciclo que tenemos, porque nosotros tenemos un ciclo pronunciado de verano, con muchas películas importantes, y luego en Navidad básicamente no podemos, por lo ciclos vacacionales, y luego tenemos valles muy pronunciados. Entonces, para atacar estas partes tenemos que recurrir a financiamiento bancario. Sin embargo, somos una empresa que no está apalancada de manera importante en ese sentido.

Pregunta de reflexión....

¿Por qué la mejor manera de levantar capital es reinvirtiendo una proporción de las utilidades?

¡Sin lugar a dudas, usted ha utilizado google más de una vez!

Caso Google.

Larry Page y Sergey Brin se conocieron en 1995, cuando tenían 24 y 23 años respectivamente, en un acto organizado por la Universidad de Stanford. Ambos estaban empeñados en desarrollar una herramienta que permitiera conseguir información relevante a partir de una importante cantidad de datos. En enero de 1996 comenzaron a desarrollar el buscador BackRub buscando además un entorno para los servidores que funcionara con PCs comunes.

Google surgió poco tiempo después; el término proviene de "googol", término acuñado por Milton Sirotta, para referirse al número representado por un 1 seguido de 100 ceros lo que refleja la misión de la compañía de organizar la inmensa cantidad de información disponible en la web y en el mundo. Durante los primeros meses de 1998, Larry y Sergey utilizaron sus dormitorios como centro de datos y oficinas y, con el avance logrado, iniciaron la búsqueda de inversionistas para financiar su novedosa tecnología.

Entre estos posibles inversores, se encontraba David Filo, amigo de ambos y uno de los fundadores de Yahoo quien les animó a crear una empresa basada en el buscador cuando estuviera completamente desarrollado. Aunque el potencial era enorme, muchos les cerraron las puertas considerando que contar con un buen buscador era algo secundario.

Sin embargo, Andy Bechtolsheim, uno de los fundadores de Sun Microsystems, vio que Google tenía un potencial enorme y, después de una breve demostración, les dio un cheque por US$100.000 a nombre de Google Inc., empresa que aún no existía por lo que no pudieron cobrar el cheque. Un par de semanas más tarde decidieron buscar nuevos inversores entre familiares, amigos y conocidos.

En 1998, las oficinas de Google Inc. Se abrieron en Menlo Park, California y ya la prensa empezaba a hablar del nuevo buscador y de su excelente funcionamiento.

En 1999 consiguieron 25 millones de dólares de dos importantes inversores: Sequoia Capital y Kleiner Perkins Caufield & Buyers y trasladaron sus oficinas a Googleplex, su sede central actual en Mountain View, California.

En la actualidad Google vale alrededor de 86.000 millones de dólares y su crecimiento anual es de aproximadamente un 30%.

 **Herramienta No.1**

Esta es una herramienta muy utilizada en mercadeo y que puede ayudarle a diseñar estrategias para levantamiento de capital.

ELTRIÁNGULO ESTRATEGIA / TÁCTICA / VALOR

Este modelo tiene tres elementos y cada uno de ellos tiene tres temas claves:

Estrategia: segmentación/elección del objetivo/posicionamiento
Táctica: diferenciación/mezcla de mercadotecnia/ventas
Valor: marca/servicio/proceso

- **ESTRATEGIA:** Este elemento incluye la definición de la empresa (su misión), los resultados de la investigación de mercado y su segmentación con el propósito de establecer el objetivo de mercadotecnia en los segmentos que mejor pudieran responder a su oferta, centrando en ellos sus recursos. El posicionamiento le permitirá enfocar las mentes de sus posibles inversionistas en la credibilidad de la empresa.

- **TÁCTICA:** Este elemento le permite compartir su perspectiva con los inversionistas potenciales haciendo énfasis en la diferenciación de sus productos o servicios. Por ello, la mezcla de mercadotecnia consiste en emplear todas las técnicas creativas que le permitan construir su valor de mercado y relacionarse con los posibles inversionistas.

- **VALOR:** Por último, el elemento valor incluye los procesos que le ayudarán a evitar ser "otro producto básico".

El equilibrio entre ellos determinará qué tipo de inversionistas puede atraer.

 **Herramienta No.2**

Análisis de conversión de efectivo
El análisis de ciclo de conversión del efectivo brinda la información necesaria para tomar decisiones que mejoren la liquidez de la empresa.

Ciclo de Conversión del Efectivo (CCE): es el tiempo que el efectivo de la empresa permanece inmovilizado entre el pago de los insumos para la producción y la recepción del pago por la venta del producto terminado resultante.

Ciclo de conversión de efectivo

Días de inventario

Disminuir — Plazo promedio de cobro

Disminuir

Aumentar — Plazo promedio de pago

Políticas	Ventajas	Desventajas
Disminuir el plazo promedio de cobro	Permite una recuperación más rápida de las cuentas por cobrar y mejora la posición de efectivo de la empresa.	Mayores controles de crédito podrían provocar que algunos de los clientes le compren a la competencia.
Disminuir los días de inventario	Disminuyen los costos por mantener inventarios en la bodega (costos de almacenamiento).	Podrían aumentar los costos de pedido y no alcanzar el punto óptimo del lote económico.
Aumentar el plazo promedio de cobro	Permite financiarse vía proveedores.	Podrían desaprovecharse descuentos por pronto pago. Además puede provocar un deterioro de las relaciones con proveedores.

 **Herramienta No.3**

Valor actual neto
El valor actual neto (VAN) también conocido como valor presente neto, pretende cuantificar en cuanto enriquecerá quien realiza un proyecto, medido en términos de riqueza actual.

Para ello se aplica la siguiente formula.

$$\text{VAN} = \frac{\text{Beneficios del proyecto en un año} - \text{Costos}}{(1 + \text{tasa de descuento})}$$

Un centro especializado en cardiología ha decidido realizar un curso de especialización "Efectos de la nutrición sobre el corazón" como una forma de incrementar los ingresos propios de la institución. ¿Le conviene realizar esta actividad? La preparación del curso toma tres meses y su costo es de Q100,000.00 (valor a pagar por adelantado). El curso se repetirá tres veces y tendrá una duración de 9 meses cada curso. El costo de operación durante los tres cursos (docentes, aulas, materiales, entre otras) será de Q150, 000.00

El costo del curso será de un total de Q20, 000.00. Se calculan que se matricularán entre Nutricionistas y Médicos un total de 50 por curso. Se asume que la tasa de descuento será del 12%.

¿Sera rentable?

Si el VAN de un proyecto es positivo, el proyecto crea valor.

Si el VAN de un proyecto es negativo, el proyecto destruye valor.

Si el VAN de un proyecto es cero, el proyecto no crea ni destruye valor.

Herramienta No.4

El costo fijo es aquel que no varían en relación al volumen de producción. Por ejemplo, alquiler del local.

Los costos variables son los que cambian de acuerdo al volumen de producción de una empresa. Por ejemplo, materia prima.

Para calcular el **costo variable unitario,** se suma todos los costos variables y se divide por el número de unidades producidas.

A manera de ejemplo...Una empresa pequeña de producción de helados artesanales, tiene un precio de venta de Q15.00 y un costo variable de Q8.00. Su costo fijo es de Q1, 200.00

PE= 1,200/ 15-8 = 171.42

Como no se pueden vender unidades fraccionadas, tendran que contemplar 171. Esto significa que tendran que vender 171 helados para mantener su punto de equilibrio. A partir de 173 unidades (helados) la empresa empezará a generar ganancias.

Zona de inspiración

Escriba sus ideas novedosas generadas por el aprendizaje que le ayudarán en el logro de sus sueños.

Zona de inspiración

Escriba sus ideas novedosas generadas por el aprendizaje que le ayudarán en el logro de sus sueños.

 **Bibliografía**

- Anónimo. **Cómo levantar capital.** Fecha de consulta: 26 de octubre de 2011. En línea: http://ciempre.wikidot.com/como-levantar-capital
- Anónimo. **La historia de Google.** Fecha de consulta: 25 de octubre de 2011. En línea: http://www.maestrosdelweb.com/editorial/googlehis/
- Endeavor. **Diez puntos clave para levantar capital de fondos.** Fecha de consulta: 25 de octubre de 2011. En línea: http://www2.esmas.com/emprendedor/herramientas-y-apoyos/evalua-tus-recursos/081116/tips-levantar-fondos-capital
- **Intel Capital.** Fecha de consulta: 24 de octubre de 2011. En línea: http://www.breakeven.cl/docs/Venture%20Capital_Intel.pdf
- Moreno, Tania. **Los 7 financiamientos para Pymes**. Fecha d consulta: 22 de octubre de 2011. En línea: http://www.cnnexpansion.com/emprendedores/2010/02/25/7-financiamientos-para-pymes
- The Inquirer. **Google, marca No. 1 en todo el mundo.** Fecha de consulta: 25 de octubre de 2011. En línea: http://www.theinquirer.es/2008/04/21/google_marca_numero_1_en_todo_el_mundo.html

 **Para profundizar**

Atendiendo a su interés de autodesarrollo, encontrará bibliografía del tema desarrollado en el curso. Las referencias pueden ser de utilidad en su trabajo.

- Barrow. C. (2009). **Financie su negocio, hágalo crecer y véndalo.** Planee su nueva empresa pensando en su final. Capstone

- Kotler, P., Kartajaya, H. y Young, S. (2004). **Cómo atraer inversionistas.** Un enfoque de mercadotecnia para recaudar fondos para su negocio. John Wiley&Sons

 Glosario

Capital de trabajo.

Es la capacidad de una empresa para desarrollar sus actividades de manera normal en el corto plazo. Puede calcularse como el excedente de los activos sobre los pasivos de corto plazo.

Capital semilla.

Este crédito se define como la cantidad de dinero necesaria para implementar una empresa y financiar actividades claves en el proceso de su iniciación y puesta en marcha. Se da cuando la empresa ya está constituida y tiene cierto producto importante, pero requiere dinero para operar o para capital de trabajo.

Endeudamiento.

Se produce cuando una empresa hace uso de créditos y préstamos bancarios o emite obligaciones y bonos.

Financiamiento.

Es el conjunto de recursos monetarios financieros para llevar a cabo una actividad económica, con la característica de que generalmente se trata de sumas tomadas a préstamo que complementan los recursos propios. Recursos financieros que el gobierno obtiene para cubrir un déficit presupuestario. El financiamiento se contrata dentro o fuera del país a través de créditos, empréstitos y otras obligaciones derivadas de la suscripción o emisión de títulos de crédito o cualquier otro documento pagadero a plazo.

Inversionistas ángeles:

Las aportaciones de este tipo se dan generalmente para las empresas que ya están funcionando, y que por su alto contenido innovador o desarrollo potencial atraen créditos. Los inversionistas ángeles pueden ser independientes o pertenecer a un club, ya que se estilan las redes de este tipo que apoyan empresas.

Evaluación (Conocimiento)

Una empresa de orientación social ha iniciado la incentivación de proyectos de producción de artesanías en una comunidad con movimiento turístico de casi todo el año. El primer beneficiado del capital semilla es Don Juan quien le interesa la producción de morrales de pita, en lo cual se ha especializado desde joven. Cada morral de pita se venderá a un costo unitario de Q20.00 y se asume un costo variable de Q12.00. Los costos fijos de Don Juan son de Q800.00.

¿Cuántos morrales debe vender Don Juan para iniciar a generar ganancias?

Evaluación (Conductas)

Superquinn
Una de las formas más efectivas de levantar capital es incrementar las utilidades y éstas, a su vez, aumentan cuando se logra fidelizar a los clientes; ésta ha sido la estrategia de Superquinn

Cuando una cajera de los supermercados irlandeses Superquinn pasa la tarjeta de un cliente por el lector, el nombre de éste aparece en una pequeña pantalla. De esta manera la cajera puede saludar al cliente por su nombre. ¿Cómo se encuentra hoy, Sr. O'Connell? Además, en días especiales, se invita a los clientes a llevar una tarjeta con su identificación. Los vendedores aprovechan esta fecha para memorizar los nombres de los clientes. Además, los clientes reciben puntos por premios si dan aviso de "carritos estropeados", "productos caducados en las estanterías", entre otros.

A la hora de reseñar cuáles fueron las claves para el éxito de SuperQuinn, el empresario y político irlandés se declaró, apelando al humor, no muy amigo de los contadores. El modelo de negocios de Superquinn se rige por una marcada orientación por lograr que "el cliente vuelva a comprar". Eso, para Quinn, es a veces mucho más importante que considerar sólo la maximización de beneficios. Precisamente, a los ejecutivos les recomendó apostar siempre por una visión largo placista.

Superquinn tiene en la actualidad 21 locales con alrededor de 200 empleados cada uno y atiende a 20.000 clientes semanales en cada local; su crecimiento se lo debe a su capacidad para escuchar las necesidades de sus clientes. "Yo me siento cada 15 días con los clientes. No es lo mismo que enviar a un ejecutivo a hacerlo porque así, cuando voy a las reuniones con los gerentes y marco un tema que surgió del contacto con el cliente, todos le dan prioridad", señaló Quinn, presidente de la empresa.

Las acciones vinculadas a servicio de los Supermercados Superquinn tienen un valor agregado. **¿Cómo se hace tangible su efecto? ¿Pueden estas acciones por si solas lograr incrementar las ventas y levantar el capital de la empresa?**

Anotaciones